AF467992

MÉMOIRE

SUR

LA POLICE ET LA JURIDICTION

DES BATIMENS A PARIS;

POUR

MM. LES ENTREPRENEURS DE MAÇONNERIE,
DE CHARPENTERIE, DE COUVERTURE EN BATIMENS ET PAVEURS
DE LA VILLE DE PARIS;

PAR Me AMYOT,
AVOCAT A LA COUR ROYALE.

PARIS
A LA LIBRAIRIE RUE VIVIENNE, N. 16.
1829

IMPRIMERIE DE J. TASTU,
RUE DE VAUGIRARD, N. 36.

MÉMOIRE

SUR

LA POLICE ET LA JURIDICTION

DES BATIMENS A PARIS.

MM. les entrepreneurs de maçonnerie de la ville de Paris sont dans l'usage, en vertu d'une ordonnance du préfet de police qui remonte à 1810, de se rassembler tous les ans pour élire une chambre composée de vingt-quatre membres, leurs confrères, et destinée à éclairer l'autorité sur tout ce qui peut intéresser la police de leur profession. Cette chambre choisit dans son sein trois délégués pour représenter, dit l'ordonnance, les entrepreneurs auprès du Préfet de police.

MM. les entrepreneurs de charpenterie de la ville de Paris ont aussi une organisation semblable, une chambre composée de vingt-quatre membres élus tous les ans, et trois délégués près le Préfet de police.

Enfin MM. les entrepreneurs de couverture en bâtimens et MM. les paveurs-entrepreneurs de la capitale sont organisés de la même manière, ayant une chambre et des délégués.

MM. les délégués des entrepreneurs de maçonnerie, de charpenterie, de couverture en bâtimens et paveurs, se sont d'abord réunis pour me signaler les abus qui existent dans l'exercice de leur profession, et me charger de rédiger un Mémoire où j'exprimerais leurs vœux sur les réformes à faire dans la police et la juridiction des bâtimens, à Paris.

MM. les membres de leurs chambres respectives ont été ensuite appelés à entendre la lecture de ce Mémoire, et ils y ont donné leur approbation.

C'est donc en vertu d'une mission purement privée, il est vrai, et sans aucun caractère public, mais formelle et unanime de MM. les entrepreneurs de maçonnerie, de charpenterie, de couverture en bâtimens et paveurs de la ville de Paris, que le présent Mémoire est publié. Son but est d'attirer vivement l'attention de la capitale et celle du gouvernement sur de justes et sages réclamations, où l'intérêt des entrepreneurs, quoique plus spécial, n'est pas autre cependant que celui de l'ordre public et de tous les citoyens.

---

§ Ier.

DE L'ORGANISATION DÉFINITIVE DU CORPS DES ENTREPRENEURS.

Commençons d'abord par rassurer ceux qui croiraient voir dans cette organisation le rétablissement des anciennes corporations d'arts et métiers, si heureusement détruites par la révolution, et dont l'existence fut si funeste à l'industrie dont elles entravaient la liberté.

Il s'agit seulement ici du droit qui devrait appartenir à tous les citoyens ayant des intérêts communs, de s'associer et de se réunir pour en traiter librement et poursuivre auprès de l'autorité la satisfaction qui leur est due. Les sollicitations des hommes réunis sont plus puissantes que lorsqu'ils agissent épars et individuellement : c'est le principe de la concentration des forces sur un point donné. Espérons que ce droit de libre association sera bientôt rendu à la France. Déjà, à l'occasion de l'enquête commerciale qu'un ministre vient d'ordonner, nous voyons les commerçans et les industriels de toutes les classes, se rassembler dans toutes les villes du royaume pour nommer des commissaires chargés de faire valoir les intérêts de leurs diverses professions. Un jour viendra sans doute que cette enquête sera permanente pour ainsi dire, que les hommes exerçant une même industrie se rassembleront régulièrement à certaines époques pour nommer leurs commissaires qui formeront alors de véritables chambres syndicales permanentes, destinées à solliciter continuellement l'autorité dans l'intérêt de leur commerce.

Mais en attendant cet heureux temps d'une liberté générale qu'il faut appeler de tous nos vœux, il est cependant des professions auxquelles il peut être plus urgent de l'accorder qu'aux autres. Par exemple les entrepreneurs de maçonnerie et de charpenterie surtout, et les entrepreneurs de couverture en bâtimens et paveurs à Paris, forment une classe incomparablement plus nombreuse que dans aucune autre ville, et dont la masse énorme d'intérêts qu'elle présente, à chaque instant menacés par une foule d'abus qui se glissent dans ces professions comme dans un monde à part, ont un besoin particulier d'être représentés auprès de l'autorité pour seconder et solliciter incessamment son action répressive. L'autorité elle-même a tellement senti ce besoin qu'elle les a spécialement organisés comme il est dit en tête de ce Mémoire. Eh bien! dira-t-on, puisque vous êtes organisés, que demandez-vous? Oui, nous avons aujourd'hui des chambres syndicales; mais, établies au temps de l'Empire, il leur manque ce qui manquait à tout ce qui se faisait dans ce temps-là, la liberté. Ne pouvant se réunir ni délibérer sans la permission du Préfet de police, craignant à chaque instant pour leur frêle existence qui ne tient qu'à une simple ordonnance qu'il peut rapporter d'un moment à l'autre, elles ne peuvent agir près de l'autorité avec la force et le ton qui sont quelquefois nécessaires pour stimuler une administration lente ou préoccupée. En 1825, lorsqu'un redoublement extraordinaire de constructions avait attiré dans Paris une foule immense d'ouvriers, la chambre des entrepreneurs de maçonnerie pria M. Delavau, alors préfet de police, de porter remède aux abus qui étaient venus au comble; mais après quelques vains efforts, rebuté par les difficultés, il les renvoya en leur disant : Arrangez-vous avec vos ouvriers comme vous l'entendrez; quant à moi, je ne m'en mêle plus. Si les chambres syndicales se sentaient appuyées sur une loi ou même sur une ordonnance royale, avec la liberté de leurs mouvemens, elles auraient incontestablement plus d'action sur l'administration, lorsque celle-ci a besoin d'être aiguillonnée.

Au reste, c'est seulement sous ce rapport que nous demandons leur institution, et non pour leur attribuer le moindre pouvoir sur l'exercice de la profession par des suspensions ou interdictions contre les mésusans du métier ou prétendus tels. Cette juridiction de discipline du corps sur lui-même, toujours trop porté à sévir contre ceux de ses membres qui s'écartent des préjugés reçus ou utiles à la compagnie, est dangereuse pour la liberté de l'industrie. Il n'en est pas de même toutefois du simple droit d'investigation, blâme et censure, pour dénoncer les fautes de probité ou d'art au public appelé à s'en méfier, et à l'autorité chargée de les punir. Ce droit appartient incontestablement à tous les citoyens; on vient de l'accorder récemment, au grand contentement de l'opinion publique, aux membres des colléges électoraux les uns à l'égard des autres, pour la dénonciation des faux électeurs. Mais les chambres syndicales pourront l'exercer avec plus d'effet que les individus isolés. Le rejeter dans la crainte qu'il ne dégénère en espionnage, serait aussi peu sage que d'abolir l'institution du ministère public de peur que la recherche des délits ne tourne en inquisition. Il faut le dire, l'opinion publique est un peu égarée aujourd'hui sur le compte des corporations; à ce mot un cri presque général s'élève; on croit les voir revenir avec tout leur ancien cortége d'abus; on veut en proscrire jusqu'au moindre vestige. C'est comme un vaisseau qui penchait trop d'un côté; on s'est jeté du côté opposé qui maintenant penche trop à son tour; tôt ou tard il faudra prendre le juste milieu.

---

§ II.

DES EXAMENS PRÉALABLES POUR LA DÉLIVRANCE DES PATENTES.

Une loi de finances veut que nul ne puisse exercer la profession d'entrepreneur de maçonnerie sans payer patente. Mais le premier venu qui veut se dire maçon peut être admis à la payer et par conséquent exercer cette profession sans avoir la connaissance des règles de l'art. Il en résulte qu'à Paris des intrigans, des hommes qui n'ont fait aucun apprentissage ou qui n'étaient que de mauvais ouvriers, se font d'un jour à l'autre entrepreneurs de bâtimens. Il leur suffit de trouver des dupes qui se laissent allécher par l'appât du bas prix auquel ils offrent de faire les travaux. Mais les vices de leurs ouvrages se manifestant bientôt, il faut les refaire ou les réparer à grands frais. Ce sont quelquefois des maisons entières qui menacent d'écrouler sur les passans ou d'ensevelir leurs habitans sous leurs ruines. Un procès en dommages est ordinairement impossible ; ces entrepreneurs-là sont insolvables. Combien de maisons nouvellement bâties ont-elles été achetées dans ces derniers temps, que l'acquéreur a trouvées inhabitables, et dont les coûteuses réparations ont consterné le père de famille qui voyait indéfiniment s'augmenter son prix !

Dans les campagnes, dans les villes de province, où chacun se connaît facilement, où la réputation d'un homme est bientôt répandue, un intrus ne peut tromper personne, ou du moins tromper deux fois. Il n'en est pas de même à Paris où la fraude, se cachant dans son immensité, peut prendre mille formes pour séduire. Les habitans de cette ville ne pouvant donc pas s'assurer par eux-mêmes de la suffisance des hommes qui s'offrent à eux pour bâtir leurs maisons, c'est l'autorité qui doit s'en charger comme un moniteur public, en signalant les hommes capables et ceux qui ne le sont pas, en n'accordant le droit d'exercer la profession, en ne délivrant de patente qu'à ceux qui justifient de leur capacité dans un examen préalable. C'est ainsi que nos lois prescrivent une règle semblable pour d'autres professions où la sûreté publique est également intéressée, telles que celles de médecin, de pharmacien, d'herboriste, etc. Le nombre des malfaçons qui proviennent de l'ignorance des règles de l'art à Paris, est immense; tous ceux qui par leur état sont à même de s'en assurer, architectes, entrepreneurs, tous le disent et le déplorent. On pourrait calculer la perte qui en résulte pour la fortune publique, dans la capitale, tant en mauvaise qualité des travaux qu'en dépense pour les réparations nécessaires ; on trouverait une somme énorme. Retranchez du nombre des entrepreneurs la masse des ignorans, et vous fermez cette source de pertes pour la ville de Paris. Faut-il craindre une augmentation du prix dans les travaux, par une diminution de la concurrence, la concurrence des ignorans! Croyez que le nombre des concurrens s'élèvera toujours à la hauteur des besoins de la population, si vous n'exigez d'autre condition que l'aptitude; vous aurez seulement écarté l'ignorance pour faire place à la capacité.

Mais l'autorité à qui l'on confiera le droit de juger de la capacité, ne pourra-t-elle pas en abuser pour diminuer la concurrence? Par exemple, j'en conviens, le corps des entrepreneurs de maçonnerie, ayant un intérêt direct à l'augmentation des prix, serait incessamment porté à diminuer la concurrence sous le prétexte d'incapacité. Et sans remettre à ce corps la réception des aspirans, l'autorité étrangère qui en sera chargée ne pourra-t-elle pas tendre quelquefois à favoriser le même intérêt soit par un faux système, soit par l'influence sourde et toujours présente d'un corps qui ne cessera de lutter dans l'ombre contre l'intérêt opposé?

D'abord je n'hésite pas à penser que l'autorité judiciaire, telle que la Cour royale de Paris, serait totalement à l'abri d'une pareille influence; mais supposé, par impossible, qu'elle fût jamais conduite par une aberration d'idées inconcevable à prendre l'intérêt du corps des entrepreneurs contre celui des propriétaires de la capitale, je dis que dans un bon système d'économie politique, il vaudrait encore mieux risquer cette faible chance d'une diminution de la concurrence que de se résoudre à supporter les maux actuels et intolérables de la liberté absolue : l'augmentation du prix des travaux qui pourra en résulter, sera bien au-delà compensée par l'augmentation de valeur des ouvrages résultant de la diminution du nombre des malfaçons.

J'ai nommé l'autorité judiciaire pour être chargée des réceptions, et je fais remarquer que dans l'ancien régime c'était aussi l'autorité judiciaire, le Parlement, qui prononçait en définitive sur l'admission des aspirans, sans que l'histoire nous fournisse le moindre souvenir d'une tendance de cette magistrature à diminuer la concurrence. D'ailleurs vaine chimère ! le pouvoir royal n'est-il pas là au besoin pour la menacer, la lier et la garrotter par les lois ?

Autrefois les examens étaient faits par des gens de l'art que nommait pour chaque fois un maître et juge-général des bâtimens existant de temps immémorial à Paris, car on voit l'usage des examens pour les aspirans à la profession de maçonnerie, établi dès le règne de Saint-Louis, long-temps avant l'existence des corporations qui ne se formèrent que des siècles plus tard. Ce juge-genéral statuait ensuite sur le rapport des examinateurs, sauf, comme nous avons dit, l'appel au Parlement.

Ce magistrat devrait être rétabli avec l'appel à la Cour royale.

Mais il pourrait aussi montrer une facilité pernicieuse dans les admissions, et la faveur, lui faire admettre des ignorans. Autrefois la chambre syndicale de la maçonnerie avait le droit de former opposition en justice à la réception des aspirans. Il conviendrait sans doute de lui rendre ce droit. Son intérêt à ne pas laisser surcharger la corporation de concurrens du moins indignes d'en faire partie, la pousserait sans cesse à contrôler les admissions, et, si elles étaient injustes, elle serait doublement excitée à la réclamation. Elle pourrait déléguer de ses membres pour assister aux examens et veiller à leur sévérité. Mais il faudrait qu'elle fût libre, il ne faudrait pas qu'elle fût comme aujourd'hui à la discrétion de l'autorité, tremblant pour son existence et ne pouvant dire un mot sans en avoir la permission.

Cette chambre serait aussi un refuge pour les aspirans qui, bien que très-capables, se trouveraient obstinément repoussés par quelque intrigue, par quelque égarement du juge. Il viendrait déposer ses plaintes dans son sein, justifier de son aptitude, et la chambre prendrait sa défense et lui prêterait son appui auprès de la magistrature supérieure. Mais encore faudrait-il qu'elle fût libre, sinon elle ne serait rien.

Nous n'avons parlé jusqu'ici que des entrepreneurs de maçonnerie. L'art de la charpenterie a aussi des règles qu'on ne peut connaître qu'après un long apprentissage, et dont l'ignorance peut compromettre gravement la sûreté publique et les intérêts des propriétaires. C'est sur les entrepreneurs de maçonnerie et de charpenterie que pèse cette terrible responsabilité qui dure dix ans et peut même s'étendre indéfiniment jusque sur leur famille pour les vices de construction, tant la loi a reconnu l'importance de mettre les propriétaires à l'abri des fautes de ces entrepreneurs. Exiger en outre à Paris qu'ils justifient de leur capacité dans un examen préalable, ce sera une garantie nouvelle donnée aux propriétaires de la capitale qui en ont plus besoin que partout ailleurs.

La profession des entrepreneurs de couverture en bâtimens intéresse vivement aussi la sûreté publique, et de tout temps on a senti la nécessité de l'assujettir à la même surveillance, et de l'assimiler en tout, sous les rapports de police, à celles de la maçonnerie et de la charpenterie.

Les paveurs-entrepreneurs peuvent être rangés dans la même catégorie, par les rapports de leur profession avec la sûreté et commodité de la voie publique.

Quant aux autres professions relatives aux bâtimens, telles que la serrurerie, la menuiserie, la plomberie, etc.; il serait peut-être convenable de les soumettre à la même règle dans l'intérêt de la bonne confection des travaux à Paris, où les citoyens peuvent être souvent lésés par l'ignorance des entrepreneurs auxquels ils sont obligés de se confier; mais le danger étant beaucoup moindre sous ce rapport que pour la maçonnerie et la charpenterie surtout, et presque nul sous le rapport de la sûreté publique, le besoin n'en est pas aussi fortement senti; c'est pourquoi nous nous taisons à leur égard.

§ III.

DE LA POLICE ET DE LA JURIDICTION DES MALFAÇONS.

Lorsqu'on ne délivrera plus de patente qu'à ceux qui justifieront de leur connaissance des règles de l'art, le nombre des malfaçons sera considérablement diminué; il n'y aura plus la part de l'ignorance; mais il restera toujours des causes actives et continues de malfaçons, la négligence et la mauvaise foi. Un entrepreneur ne surveille pas ses ouvriers; souvent, pour enfler ses gains, il n'emploie que de mauvais matériaux et non en quantité suffisante. Pour réprimer ces abus, non moins dans l'intérêt des propriétaires que dans celui de la sûreté publique, la police est de temps immémorial en possession de faire inspecter par des commissaires les bâtimens en construction. C'est sous l'autorité du préfet du département que se font aujourd'hui ces visites; c'est lui qui nomme les architectes qui en sont chargés.

Les bons et loyaux entrepreneurs de la ville de Paris dénoncent d'une voix unanime l'inexactitude et l'insuffisance de ces visites. On va visiter les bâtimens une fois, deux fois dans le cours de leur construction ; il en est qu'on ne visite pas du tout, tandis qu'il faudrait au moins une, peut-être deux visites par semaine dans chaque atelier. Dans l'ancien régime, quand la recherche des malfaçons appartenait au maître-général des bâtimens lors existant, il y avait toujours une visite par semaine, et les bons entrepreneurs se plaignaient encore ; ils en demandaient deux. Le nombre des commissaires actuels ne peut suffire à la quantité de visites qui seraient nécessaires ; d'ailleurs ce sont des architectes qui ont leurs occupations en ville ; d'autres affaires les absorbent ou les partagent ; enfin il n'y a pas un maître-général chargé de la direction du tout, comme autrefois, sous sa responsabilité.

Augmenter dans la proportion voulue le nombre des commissaires-inspecteurs, leur donner un traitement tel qu'on puisse exiger qu'ils ne fassent plus d'autres affaires, serait trop coûteux pour la ville. Il faudrait qu'on rétablît l'usage qui existait jadis sous l'ancien général des bâtimens, qu'on organisât tous les entrepreneurs et les architectes de la capitale, pour faire ces visites à tour de rôle et gratuitement. Ils seraient deux ou trois ; ils feraient leur rapport au maître-général qui s'y transporterait, ou y enverrait ses substituts pour vérifier et juger les malfaçons dénoncées. Le nombre de ces substituts payés par la ville pourrait être alors fort restreint; il n'y aurait plus qu'à surveiller l'exactitude des visites et des rapports des entrepreneurs. Ces derniers s'y prêteraient avec zèle; ce serait une charge sociale, comme celle de juré; et répartie sur le grand nombre des entrepreneurs et architectes de Paris, elle serait peu onéreuse; chacun aurait sa semaine ou son mois; il y aurait amende contre ceux qui manqueraient. Au reste, comme nous avons dit, c'était à peu près ainsi que cela se pratiquait autrefois.

Les détracteurs intéressés de ce projet diront peut-être avec amertume que ce serait organiser une inquisition de confrères, de rivaux portés à se jalouser et à se nuire. Soit : mais l'autorité seule décidera; les entrepreneurs jaloux ne feront qu'accuser. Et n'est-ce pas le chef-d'œuvre de la politique, de faire tourner les passions des hommes au profit du bien public? Au fait, la police n'en sera que plus sévère : ce ne sera pas une raison pour que le juge soit injuste.

Nous avons à traiter ici une autre question, question fort grave, comme on va voir. Les visites ont pour objet la recherche des malfaçons; mais si l'entrepreneur conteste qu'il y ait malfaçon, quelle autorité doit prononcer entre lui et les commissaires-inspecteurs qui prétendent qu'il y a contravention aux réglemens?

Aujourd'hui c'est le Conseil de préfecture qui prononce sur la contestation; mais cette juridiction n'est fondée sur aucune loi : c'est une véritable usurpation sur l'autorité judiciaire.

Avant la révolution, le jugement des malfaçons appartenait, à Paris, au juge-général des bâtimens, qui statuait sur le rapport des maîtres ou entrepreneurs qu'il nommait chaque mois pour faire les visites, et il y avait appel au Parlement au profit de toutes les parties. Les juges-généraux des bâtimens furent abolis par les lois de la révolution avec toutes les autres justices spéciales; et notamment une loi du 22 juillet 1791, art. 20, a maintenu tous les réglemens existans sur la grande voirie, *et touchant la solidité et sûreté des constructions* (c'est bien ce que nous appelons la police des malfaçons), *excepté en ce qui concerne les attributions à des juridictions particulières et spéciales.* Dès-lors les attributions des juges-généraux sont tombées dans le domaine des tribunaux ordinaires.

La loi du 24 août 1790, tit. 11, art. 3, donne à l'autorité municipale, exercée aujourd'hui par les maires et les préfets, *ce qui concerne la démolition ou réparation des bâtimens menaçant ruine.* Mais les malfaçons n'ont jamais été rangées dans la classe des *bâtimens menaçant ruine;* les bâtimens menaçant ruine sont ce qu'on appelle les *périls imminens.* Autrefois les malfaçons étaient dans l'attribution des juges-généraux des bâtimens, et les périls imminens dans celle du lieutenant de police.

Aujourd'hui même, c'est le préfet de police qui a les périls imminens, et le préfet du département; les malfaçons. Bon pour le préfet de police qui peut fonder sa juridiction sur la loi de 1790 : seulement nous ferons observer que, dans l'usage actuel, c'est le Conseil de préfecture qui décide des périls imminens sous la présidence du préfet de police, tandis que régulièrement ce devrait être le préfet lui-même, en vertu de son autorité administrative, et sans le concours du Conseil à qui aucune loi ne donne le droit d'en connaître. Mais quant au préfet du département et à son Conseil de préfecture, ils n'ont aucun caractère légal pour juger des malfaçons en cas de contestation; il n'y a que l'autorité judiciaire à qui elles appartiennent, comme ayant hérité de toutes les attributions des juridictions particulières supprimées en 1790.

Jusqu'ici personne ne paraît avoir réclamé contre cette illégalité; la machine ayant été ainsi montée dans l'origine, elle a depuis marché toute seule, sans qu'on s'aperçût du ressort vicieux sur lequel elle roulait : mais, puisqu'on le remarque enfin, il est temps que l'usurpation cesse, et que l'autorité judiciaire rentre dans ses droits.

Mais veut-on laisser de côté la législation et raisonner en principe? On peut dire, en faveur de l'autorité administrative, que le fonctionnaire amovible qui l'exerce étant responsable de ses actes, cette responsabilité sera, pour l'exciter à la recherche et à la répression des malfaçons, un stimulant qui n'existera pas pour l'autorité judiciaire essentiellement non responsable. Mais cette responsabilité existera pour les agens qui seront chargés sous elle de la recherche des malfaçons, comme elle existe pour les officiers du ministère public qui sont chargés de la recherche des délits. Quant à la sévérité de la répression, autant vaudrait donner le jugement des crimes à l'autorité administrative dans la crainte de voir les tribunaux ordinaires trop indulgens. D'ailleurs la juridiction souveraine et en dernier ressort des malfaçons, appartenait anciennement au Parlement par appel des juges-généraux des bâtimens, et l'on ne sache pas qu'il en soit résulté plus de négligence dans la répression. Que l'autorité administrative trace les règles de l'art, bien; mais que ce soit l'autorité judiciaire qui juge si elles ont été violées. Les tribunaux ne peuvent se connaître en malfaçons, dit-on; mais le préfet et le Conseil de préfecture s'y connaissent-ils davantage? Ils ne peuvent juger que sur le rapport d'experts; eh bien, les tribunaux feront de même; c'est ce qu'ils font tous les jours dans les procès de bâtimens entre les citoyens. Mais on n'est pas jugé à huis-clos chez eux; la défense, la plainte, y ont des formes plus efficaces, plus rassurantes. Si la Cour n'entend pas les détails de maçonnerie et d'architecture, elle comprend les questions générales d'équité, de liberté; et c'est surtout ce que les citoyens ont besoin de faire comprendre à leurs juges.

Il y a plus, c'est que, dans l'état actuel, le conseil de préfecture de Paris juge sur le rapport du bureau des commissaires chargés de faire les visites et de dénoncer les malfaçons; des entrepreneurs tirés de la classe ordinaire ne sont pas même appelés à donner leur avis; de sorte que messieurs les commissaires sont vraiment juges et parties. Ensuite, nous n'en finirions pas sur cet article: messieurs les commissaires sont quelquefois eux-mêmes entrepreneurs, ou bien ils ont des fils entrepreneurs; et l'on dit sourdement qu'ils peuvent imposer la condition d'employer leurs marchandises, leurs enfans.... Quel scandale qu'on puisse seulement élever un pareil soupçon!

Il faudrait donc que la Cour royale fût appelée, comme autrefois le Parlement, à prononcer en dernier ressort sur les malfaçons. Quant à leur jugement en première instance, au lieu de l'attribuer au tribunal civil ordinaire à Paris, il faudrait rétablir la juridiction spéciale, l'ancien maître et juge-général des bâtimens qui statuerait, comme anciennement, sur le rapport des entrepreneurs organisés, comme nous avons dit, pour faire sous ses ordres les visites dans les ateliers, et qui pourrait être laissé d'ailleurs, par l'amovibilité, sous l'action directe du gouvernement, comme les juges de paix et les procureurs du roi, ou le préfet et les commissaires aujourd'hui chargés de cette partie.

En cas de négligence dans la recherche ou de

trop peu de sévérité dans la répression, les chambres syndicales des entrepreneurs pourraient se plaindre au gouvernement ou à la Cour royale, qui en agirait comme envers les officiers du ministère public pour la poursuite des délits. Et l'on voit encore ici l'utilité positive de ces chambres, corps spéciaux chargés de surveiller une partie de la police à peu près inconnue et étrangère au reste de la société. Mais, pour qu'elles missent dans leurs réclamations toute la force qui convient, il leur faudrait une indépendance qu'elles n'ont point.

Avant de terminer sur l'article des malfaçons, et à propos des règles de l'art que nous avons dit qu'il appartenait à l'autorité administrative de tracer, nous ferons remarquer encore un des plus grands besoins de la profession, lacune immense et honteuse pour la police des bâtimens. Les règles de l'art, j'entends celles qui concernent la solidité et la sûreté des constructions, sont la plupart purement traditionnelles et non écrites ; c'est le maître qui les transmet à son apprenti et qui ne les apprend quelquefois lui-même que par un long usage. Il en résulte une incertitude, une difficulté de s'en instruire, qui nuit, on le conçoit, à la bonne confection des travaux. Pourquoi chaque entrepreneur ne peut-il pas avoir dans sa main le livre des lois de son art, comme il a le Code civil ? Quel administrateur zélé aura la gloire de le donner le premier à la France ?

Ce n'est pas tout : autre grief contre l'administration. La variabilité de ses idées dans les principes de construction désole les entrepreneurs. Aujourd'hui elle trace une règle ; dans quelque temps, ce sera une règle différente. Encore si elle faisait connaître ses mobiles volontés ; mais les arrêtés qu'elle prend à cet égard vont s'enfouir dans les feuilles de ses cartons, connus des seuls adeptes qui les ont faits ; puis on vient dire à un entrepreneur : Vous avez violé le réglement. — Mais je me suis conformé au vôtre de tel jour. — Oui, mais il y en a un autre depuis. Et il faut refaire son ouvrage. Quoi ! l'autorité ne peut-elle pas faire imprimer ses résolutions, les adresser aux chambres syndicales, les afficher, les publier ? Un arrêté devrait-il être obligatoire avant qu'on ait eu le temps et les moyens de le connaître !

---

§ IV.

DE LA POLICE DES OUVRIERS, ET DE LA JURIDICTION DE POLICE DES ATELIERS.

Il y a des lois, des arrêtés, des ordonnances en quantité sur la police des ouvriers; mais leurs dispositions ne sont pas exécutées. Elles veulent que tout ouvrier ait un livret, et que nul entrepreneur ne reçoive à son service un ouvrier qui ne lui remet pas son livret signé par le dernier entrepreneur chez lequel il a travaillé. L'entrepreneur, qui est mécontent d'un ouvrier pour avoir jeté le trouble dans ses ateliers, complotté pour la hausse des salaires, gâté ses ouvrages par méchanceté, commis quelque infidélité, quelque abus, peut aller déposer son livret chez le commissaire de police qui doit le faire punir, ou du moins, si la faute n'est pas grave, le tancer vertement quand il se présente pour retirer son livret sans lequel il ne doit pas trouver d'ouvrage, moyen puissant de le contenir dans la subordination. Voilà ce qui devrait être; mais rien de cela ne se fait : la police n'y fait aucune attention, et les choses vont comme elles peuvent.

Mais, dit-on, cela dépend des entrepreneurs : s'ils y ont tant d'intérêt, pourquoi reçoivent-ils des ouvriers sans se faire remettre leur livret ? Voilà ce que leur répondait M. Delavau quand ils se plaignaient à lui. Mais on conçoit que, dans la presse d'ouvrage où ils sont quelquefois, aucun d'eux n'a intérêt à commencer ; car en repoussant un ouvrier qui n'aurait pas son livret signé du dernier maître qu'il a servi, il courrait le risque de rejeter un bon ouvrier dont le dernier maître aurait seulement négligé de mettre le livret en règle. Il faudrait que l'exécution de la loi fût générale, pour que chacun n'eût pas souvent intérêt à la violer. Au reste, on ne nie pas absolument les difficultés de la matière, et, par exemple, vouloir punir, comme l'idée s'en présente d'abord, tous les maîtres chez lesquels on trouvera des ouvriers travaillant sans livret, serait ne pas connaître les besoins journaliers des travaux qui exigent quelquefois qu'un maître prenne les premiers hommes qui lui tombent sous la main. Ce serait une affaire de grande discrétion pour l'autorité ; mais il y a loin de sages exceptions à une inexécution complète ; et enfin les lois existent, il faudrait pourtant trouver le moyen de les faire observer. Les commissaires de police dans chaque quartier pourraient être chargés de faire des visites à ce sujet dans les ateliers.

Il est facile au préfet de police de prendre d'abord une mesure sévère à cet égard ; mais le difficile est qu'elle se suive avec persévérance. On y mettra beaucoup de zèle dans les commencemens ;

puis on s'arrêtera, comme cela s'est déjà vu plusieurs fois. Si les chambres syndicales des entrepreneurs étaient indépendantes, elles seraient un stimulant actif pour tenir l'administration en haleine; elles auraient en elles-mêmes un point d'appui pour la pousser.

Quant à l'application des peines de police contre les maîtres et les ouvriers pris en contravention, elle appartient, dans l'état actuel de la législation, au juge de paix tenant le tribunal de simple police. Mais on avait senti autrefois à Paris l'utilité d'une juridiction particulière pour ce genre de contraventions. En effet elles sont assez nombreuses pour mériter d'occuper un seul juge, et, suivant le principe de la division du travail, on fait mieux quand on n'a qu'une seule matière à traiter qui revient tous les jours.

C'est dans cette intention sans doute qu'une loi du 22 germinal an XI, art. 19, attribuait au préfet de police le jugement en dernier ressort de *toutes les affaires de police entre les maîtres et les ouvriers*. Mais ce droit de juger seul et sans appel jusqu'à cinq jours de prison, une classe entière de citoyens, était une juridiction à la turque, principe détestable, et que du reste on a eu la pudeur ou l'insouciance de ne jamais exercer.

Il paraît qu'on a songé depuis, sans y donner aucune suite, à établir un conseil de prud'hommes sur le modèle des conseils de prud'hommes existant dans certaines villes manufacturières, qui sont composés de marchands, fabricans, chefs d'ateliers et contre-maîtres, élus tous les ans par une assemblée générale, à peu près comme les Tribunaux de commerce, et qui prononcent des peines de police contre toute infraction à la discipline dans les ateliers. C'eût été une amélioration évidente à l'état actuel; il y aurait eu spécialité de la juridiction et instruction spéciale des juges sortis eux-mêmes des ateliers.

Cependant il y a encore mieux que les conseils de prud'hommes. Ce serait un seul juge, comme un juge de paix spécial, réunissant les fonctions de juge et celles du ministère public pour la recherche des contraventions, ne s'occupant que de cela, avec droit d'appel de ses décisions devant un jury d'entrepreneurs tirés au sort sur une liste générale, à peu près dans le système de notre jury actuel.

Un seul juge, sans l'embarras d'un autre officier pour le ministère public, chargé de la recherche des délits et de l'application de la peine, donnerait à l'action de la justice une rapidité et une simplicité économique qu'on ne peut trouver dans les conseils de prud'hommes, chargés de plusieurs membres à rassembler et à faire délibérer. Combien d'affaires un seul juge peut terminer à la satisfaction de toutes les parties! Il y en a les trois quarts. Si l'on se plaint de sa décision, il y aura appel; et c'est alors qu'on peut donner un nombre de plusieurs juges; il n'y aura que les affaires difficiles et en bien moindre quantité qui viendront à eux ; le reste sera éteint dans le premier degré de juridiction.

Pour les contraventions à la tenue des livrets, au sujet desquelles nous avons demandé des visites par les commissaires de police dans chaque quartier ; pour abréger le travail, on pourrait sans inconvénient leur attribuer le droit d'appliquer l'amende sur le lieu, sans autre forme de procès. Puisque les procès-verbaux qu'ils dressent en matière de contraventions font foi devant le juge qui doit tenir pour vrai tout ce qui y est rapporté, à quoi bon faire venir le contrevenant devant un autre magistrat pour entendre une condamnation écrite d'avance dans le procès-verbal du commissaire de police ? Ne suffira-t-il pas qu'on puisse appeler de la décision qui sera déclarée à l'instant par le commissaire, si on la trouve injuste ?

Quant à la composition du tribunal d'appel, le système du jury, le tirage au sort avec le droit de récusation péremptoire, est évidemment supérieur au mode de l'élection qui ne comporte pas le principe de la récusation et maintient les mêmes juges pendant au moins un ou deux ans, avec leurs idées arrêtées, leurs préférences et leurs antipathies. Le jury fait passer tour à tour tous les citoyens sur le trône de la justice ; c'est vraiment le corps des pairs qui juge alors; dans le mode de l'élection, ce n'en est que l'aristocratie.

Des jurés toujours nouveau-venus et pris au

hasard dans la masse, peuvent être moins instruits, moins aptes à voir par eux-mêmes ce qu'il faut décider, que des juges électifs choisis dans ce qu'il y a de mieux entre tous, et qui ont toujours avec eux des anciens qui les mettent au fait.

C'est possible. Il faudrait alors adjoindre au jury un magistrat exercé par l'habitude à ces sortes d'affaires, qui dirige les débats et prononce lui-même d'abord le jugement et le soumette ensuite au jury présent qui le changera s'il en est choqué, ou l'approuvera s'il n'y a rien à dire.

J'ôte la distinction du fait et du droit existant actuellement dans le système du jury de nos Cours d'assises; elle est vicieuse. D'abord, sur le fait, la position des questions par la Cour entrave la liberté du jury et occasione des entorses à la vérité; puis, sur le droit, comme la loi laisse toujours une grande latitude aux juges pour la graduation de la peine, d'après les circonstances du fait, il en résulte qu'une notable partie dans les jugemens est enlevée au jury qui ne peut y appliquer le bienfait de son esprit, justice défectueuse dont la conception bizarre et anti-naturelle est empruntée à la difforme législation anglaise, où l'on ne voit pas que c'est le despotisme parlementaire qui a privé la nation du droit de se juger entièrement elle-même.

Toutefois, sans traiter la question en général, il suffit que la distinction soit à rejeter pour le cas dont nous nous occupons. Les tribunaux de commerce actuels connaissent du fait et du droit; je donne à mon jury le même pouvoir, et seulement un juge pour le diriger et lui préparer ses décisions pour qu'il n'ait à faire que le moins possible. En cas de violation de la loi, il y aura appel à la Cour royale ou pourvoi en cassation, comme pour les jugemens des tribunaux de commerce.

Dans les conseils de prud'hommes, il y a, avec les maîtres, des chefs d'ateliers, des contre-maîtres, véritables ouvriers qui sont les pairs des ouvriers à juger. Dans le jury proposé, on ne pourrait admettre cette fusion des ouvriers avec les maîtres; mais cet avantage dans les conseils de prud'hommes n'est qu'apparent; les ouvriers y sont en petite minorité et dominés au besoin par l'influence des maîtres.

On peut d'ailleurs ôter au jury le droit d'aggraver les condamnations du juge contre les ouvriers; il y aura enfin l'appel à la Cour royale.

Remarquez que nous donnons à cette juridiction, non-seulement les contraventions relatives à la police des bâtimens, mais encore tous les délits en cette partie qui sont maintenant attribués au Tribunal de police correctionnelle, complots pour l'augmentation des salaires, vols de toute espèce par les ouvriers dans les ateliers. C'était la compétence des anciens juges généraux des bâtimens, avant la révolution, mais à réorganiser sous une nouvelle forme; et ce serait d'introduire entre l'ancien juge général, qui jugeait seul aussi, et le Parlement qui connaissait de ses décisions par appel, aujourd'hui la Cour royale, un corps intermédiaire, mon jury.

Ce jury n'aurait pas besoin de réunir plus de trois membres, comme les tribunaux de commerce actuels. On convoquerait sept ou huit jurés pour offrir une certaine latitude aux récusations, et les jurés non récusés entreraient dans la composition du jury, fussent-ils plus de trois, afin de former le plus grand nombre de juges possible, cela ne pouvant nuire, comme on voit nos tribunaux de première instance ne pouvoir juger qu'au nombre de trois juges au moins, mais libres de s'augmenter indéfiniment des autres membres du tribunal, pour former une plus grande masse de lumières.

En cas de nombre pair et de partage dans le jury, le juge dirigeant serait appelé à le départager.

---

§ V.

DE LA JURIDICTION CIVILE DES ENTREPRENEURS DE BATIMENS.

Ce chapitre a le même fondement que la fin du paragraphe précédent ; c'est la nécessité d'une juridiction particulière pour toutes les contestations qui peuvent s'élever entre les entrepreneurs de bâtimens et leurs ouvriers, marchands et fournisseurs, maçons, plâtriers, charpentiers, marchands de bois, etc., etc. ; juridiction aussi existante autrefois à Paris dans les juges généraux des bâtimens, outre la juridiction consulaire qui existait pour les autres classes de commerçans, remplacée aujourd'hui par le tribunal de commerce.

La raison qui a fait enlever aux tribunaux de première instance le jugement des affaires de commerce, pour les attribuer à des tribunaux particuliers, ne veut-elle pas qu'on établisse aussi une juridiction particulière pour les affaires de bâtimens, auxquelles les banquiers, chandeliers ou marchands de laine, qui composent le tribunal de commerce, ne s'entendent pas plus que les juges du tribunal civil peuvent ne s'entendre aux autres affaires commerciales.

S'il y avait besoin d'une autre raison pour la convenance de l'établissement de cette juridiction, nous la trouverions peut-être dans l'injustice qui a fait écarter jusqu'à présent de la liste des notables formée pour l'élection annuelle des juges du tribunal de commerce, les entrepreneurs de maçonnerie, de charpenterie et de bâtimens, en général, qui cependant, soit par leur fortune, leur nombre ou l'importance de leurs travaux à Paris, méritent bien qu'on leur fasse une part au moins aussi large qu'à toute autre profession, dans la notabilité commerciale du département. N'étant ni représentés par leurs élus dans le tribunal de commerce, ni jugés par des hommes versés dans la connaissance de leurs affaires, qu'y a-t-il de commun entre eux et ce tribunal ?

Quant à l'organisation de la juridiction spéciale demandée, nous soutenons aussi qu'un seul juge en première instance, avec l'appel devant un jury, vaut beaucoup mieux que la forme de nos tribunaux de commerce actuels. Quelle immense quantité d'affaires, quelle broutille innombrable encombre aujourd'hui le tribunal de la Bourse à Paris, qui n'auraient besoin que du regard d'un seul juge, que du sceau d'un greffier pour ainsi dire ! L'unité de juge en première instance est si naturelle et si nécessaire, qu'on voit tous les jours le tribunal de commerce renvoyer les affaires devant un arbitre rapporteur qui entend les parties dans son cabinet, fait les comptes, puis adresse son rapport au tribunal qui confirme cent fois pour une l'avis du rapporteur. A quoi bon a servi le nombre de trois juges dans le tribunal ? Le président fait presque toujours seul le jugement. Bien, quand l'affaire est difficile, douteuse; qu'il y a partialité à craindre de la part d'un seul. Mais alors vous auriez l'appel et la pluralité des membres du jury.

Puis considérez un peu le mode de formation intérieure de nos tribunaux de commerce. L'élection y ramène toujours à peu près les mêmes personnages; la loi a eu beau faire en voulant que nul ne pût être réélu qu'après un an d'intervalle. Eh bien! force est d'attendre; mais la réélection ne manque pas; quand les uns sortent, les autres rentrent, et la chaîne revient toujours dans un cercle fort resserré. La haute partie du commerce est seule en possession de ces places honorables; c'est une véritable aristocratie commerciale. Puis les meneurs s'entendent, et les amis se donnent la main; on se voit, on se craint, on se protége... J'en demande leur avis à ceux qui ont vu de près les choses. Mais tous ces inconvéniens disparaissent dans le système du jury; là, plus de meneurs, plus d'amis, plus de coterie; les jurés viennent au hasard; après eux, il en vient d'autres, et toujours ainsi, tous les mois, tous les jours, dans un cercle immense.

Les jurés seront des hommes neufs, des ignorans; soit: ils n'auront que de l'impartialité, de la naïveté. Mais un juge les assistant pour diriger leurs idées incertaines, ils n'auront pas besoin d'en avoir davantage. Chacun y apportera le sien: le juge, ses lumières, le jury, son équité, son expérience de famille, son bon sens, admirable mélange de tous les élémens qui doivent composer la bonne justice.

Il y aura d'ailleurs appel à la Cour royale, comme pour les jugemens du tribunal de commerce, quand la valeur excédera mille francs.

Jetons maintenant un coup-d'œil sur l'ensemble de ce qui précède.

Que le Roi daigne donner le sceau de sa puissance à l'existence des chambres syndicales actuelles des entrepreneurs de maçonnerie, de charpenterie, de couverture en bâtimens et paveurs, avec la liberté de leurs délibérations.

Nécessité de ne délivrer de patente pour l'exercice de ces professions, qu'à des gens capables et soumis à des examens, comme cela s'est pratiqué de tout temps avant la révolution.

Plus d'activité dans la recherche des malfaçons, au moyen de visites plus fréquentes dans les bâtimens en construction, par des escouades d'entrepreneurs organisés à cet effet.

Restitution du jugement des malfaçons à l'autorité judiciaire illégalement et trop long-temps dépouillée de cette matière par le conseil de préfecture.

Publication d'un code des règles de l'art, sous le rapport de la police des constructions.

Exécution des lois et ordonnances sur la tenue des livrets des ouvriers.

Enfin rétablissement de l'ancien juge général des bâtimens, nommé par le Roi, comme les juges de paix, pour exercer la police et la justice des bâtimens, avec plusieurs lieutenans pour le seconder.

Il serait chargé de la réception des aspirans, et de la police des malfaçons qu'il jugerait aussi sur le rapport des inspecteurs placés sous sa direction, sauf l'appel à la Cour royale, comme autrefois au Parlement. Il dirigerait aussi la police des ouvriers, et aurait en cette partie les commissaires de police sous ses ordres.

Il prononcerait les peines de police simple et correctionnelle pour les contraventions et délits relatifs aux bâtimens, et jugerait en première instance toutes les contestations entre les entrepreneurs et leurs ouvriers, marchands et fournisseurs; ou plutôt ce seraient ses lieutenans, car il devrait se réserver pour assister et diriger le jury devant lequel se porterait l'appel de leurs décisions, afin d'être plus libre de préventions.

Voilà les vœux que forment les entrepreneurs de maçonnerie, de charpenterie, de couverture en bâtimens et paveurs de la ville de Paris. Ils vont en solliciter avec ardeur l'accomplissement auprès du Roi.

FIN.

www.ingramcontent.com/pod-product-compliance
Ingram Content Group UK Ltd.
Pitfield, Milton Keynes, MK11 3LW, UK
UKHW020500230726
13925UKWH00005B/2042